Dieses Buch gehört:
_____

Geschenkt hat es mir:
_____

Ich male mit Kreisen

DOMINIQUE MAUME

Einführung

Klecksereien, Kritzeleien – sobald Kinder einen Stift halten können, beginnen sie mit Feuereifer zu „zeichnen". Aus den ersten begeisterten Versuchen bilden sich allmählich der gerade Strich und dann der Kreis heraus. Diese Form, die es selbst spontan entwickelt, erkennt das Kind schnell wieder und kann sie leicht nachzeichnen. So wird es auf ungezwungene Weise durch das Buch geführt und spielerisch zum Malen angeleitet.

Eine sorgfältig ausgewählte Hintergrundfarbe regt die Phantasie des Kindes an und erleichtert die zeichnerische Umsetzung.

Ob kleine oder große, längliche oder flache Kreise – mit Hilfe einiger weniger, einfacher Ergänzungen werden die Kreise lebendig und fügen sich zu bekannten Tieren zusammen.

Die Tiere sind einzelnen Familien zugeordnet, je nachdem ob sie aus ein, zwei oder drei Kreisen bestehen. So findet das Kind Gemeinsamkeiten oder charakteristische Unterschiede der abgebildeten Tiere leicht heraus. Denn Zeichnen lernen heißt auch Sehen lernen!

Im Rahmen dieser kleinen Beobachtungsübung ist es wichtig, dem Kind für sein räumliches Vorstellungsvermögen den notwendigen Wortschatz zu vermitteln: oben, unten, davor, dahinter, in der Mitte ...

Deswegen sollte jeder Strich stehen und sichtbar bleiben: Radieren gibt es hier nicht!

Was macht es schon, wenn der Marienkäfer ein bisschen verbeult aussieht oder das Schwein noch ein wenig verwackelt! Die sichere Strichführung stellt sich mit der Zeit von selbst ein.

Und so kommt er, Schritt für Schritt und Kreis um Kreis: der Zauber der Zeichnung, der Formen und der Farben!

Die Familien

Ein großer Kreis

Zwei flache Kreise

Zwei längliche Kreise

Drei flache Kreise

Kleine Zeichenübungen

Durch diese Übungen wird das Kind in seinen Handbewegungen und in der Strichführung sicherer. Kleben Sie Markierungspunkte auf und geben Sie Ihrem Kind dicke Farbstifte, die es leicht halten kann. Ermuntern Sie es, die Bewegungen schwungvoll auszuführen, um jedes Verkrampfen zu vermeiden.

Spaziere mit deinem Stift zwischen den Punkten, ohne sie zu berühren.
Variante: Verbinde alle Punkte.

Male Stiele an die Punkte: mal darüber, mal darunter

Verbinde die Punkte zu einem Zug.

Verbinde die Punkte im Zickzack-Muster.

Springe über die Punkte.

Tauche unter den Punkten hindurch.

Die ersten Kreise

Verändern Sie Größe und Abstand der Punkte je nach Fähigkeit des Kindes.

Kreise immer schneller um einen oder mehrere Punkte.

Ein großer Kreis

Male einen großen Kreis für den Körper.

Jetzt noch zwei Augen, einen Trennstrich, zwei Fühler, drei Beine auf die eine Seite, drei auf die andere Seite, dicke schwarze Punkte – fertig ist der Marienkäfer!

Ein großer Kreis

Male einen großen Kreis für den Körper.

Jetzt noch Auge, Trennstrich, Flossen und den Schwanz.

Zwei flache

Male zwei flache Kreise: der kleinere ist der Kopf, der größere der Körper.

Jetzt noch zwei Augen, den Schnabel, zwei Flügel, zwei Beine – fertig ist das Küken!

Zwei längliche Kreise

Male zwei längliche Kreise: einen kleinen für den Kopf, einen größeren für den Körper.

Jetzt noch zwei Augen, die Nase, zwei Ohren, zwei Pfoten oben, zwei Pfoten unten – fertig ist der Hase!

Zwei längliche Kreise

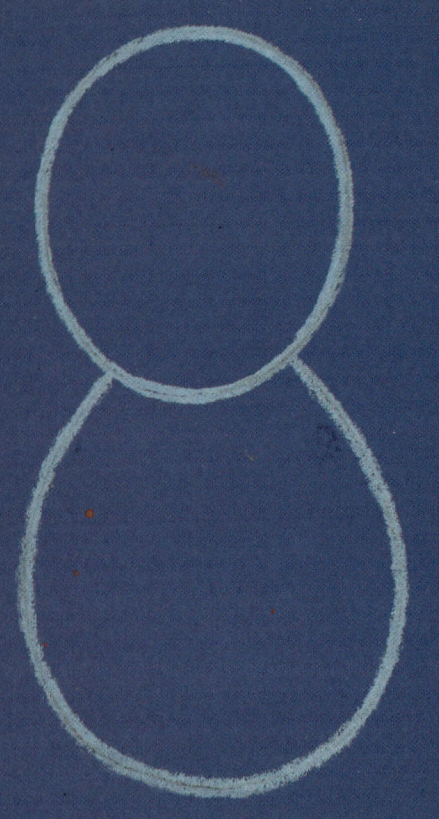

Male zwei längliche Kreise: einen kleinen für den Kopf, einen größeren für den Körper.

Jetzt noch zwei Augen, die Nase, zwei Ohren, zwei Pfoten oben, zwei Pfoten unten, einen langen Schwanz – fertig ist die Maus!

Drei flache

Male drei flache Kreise: einen für den Kopf, einen kleinen für die Schnauze und einen großen für den Körper.

Jetzt noch zwei Augen, zwei Löcher für die Nase, zwei Ohren, zwei Beine – fertig ist das Schwein!

Drei flache

Male drei flache Kreise: einen für den Kopf, einen kleinen für das Maul und einen großen für den Körper.

Jetzt noch zwei Augen, zwei Löcher für die Nase, zwei Hörner, zwei Ohren, zwei Beine – fertig ist die Kuh!

Aus dem Französischen von Katharina Herrmann
Nach den Regeln der neuen Rechtschreibung

© der deutschsprachigen Ausgabe:
Fleurus Verlag GmbH, Saarbrücken 1997
Alle Rechte vorbehalten
© Editions Fleurus, Paris 1996
Titel der französischen Ausgabe:
Je dessine avec des ronds
Druck und Binderei:
Pollina S.A.
Printed in France
ISBN 3-930710-82-X

Über die Autorin und Illustratorin

Dominique Maume ist Illustratorin und Kunstpädagogin. Sie arbeitet vor allem mit kleinen Kindern und entwirft für sie pädagogische Spiele und Übungen. In der Reihe „Buntspecht" stellt sie einfache Formen und klare Farben in den Mittelpunkt. Damit sind diese Bücher gerade für die Jüngsten geeignet. Die Qualität der Zeichnungen wird darüber nicht vernachlässigt. Im Gegenteil! Die jungen Zeichner werden nicht enttäuscht sein!